Impressum
Verlag: BABADADA GmbH, Nedderfeld 112 , 22529 Hamburg
Geschäftsführer / Verlagsleitung: Harald Hof
Druck: Books on Demand GmbH, In de Tarpen 42, 22848 Norderstedt

Imprint
Publisher: BABADADA GmbH, Nedderfeld 112 , 22529 Hamburg, Germany
Managing Director / Publishing direction: Harald Hof
Print: Books on Demand GmbH, In de Tarpen 42, 22848 Norderstedt

Schuel

escola

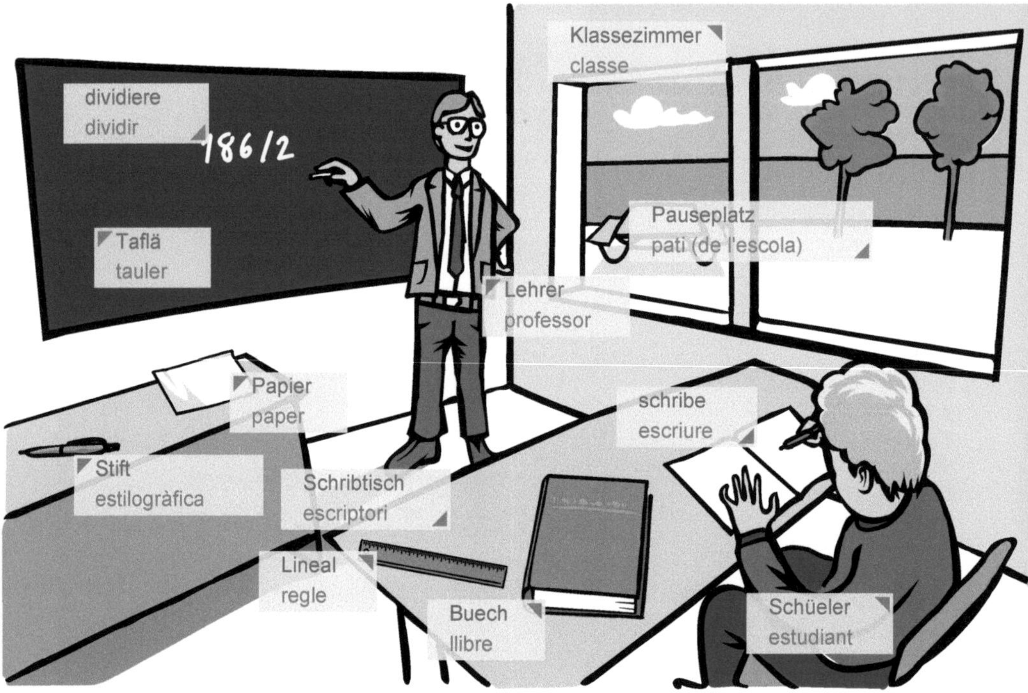
Klassezimmer
classe
dividiere
dividir
186/2
Taflä
tauler
Pauseplatz
pati (de l'escola)
Lehrer
professor
Papier
paper
schribe
escriure
Stift
estilogràfica
Schribtisch
escriptori
Lineal
regle
Buech
llibre
Schüeler
estudiant

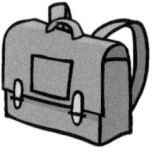

Thek

bossa

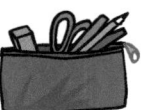

Etui

estoig

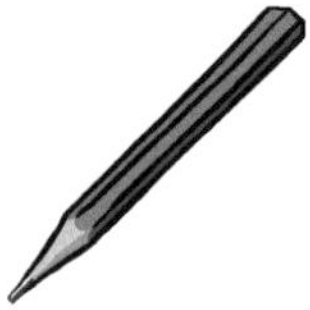

Bleistift

llapis

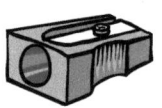

Spitzer

maquineta de fer punta

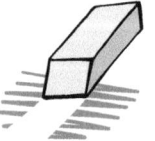

Radiergummi

goma

Zeicheblock

bloc de dibuix

Zeichnig

dibuix

Pinsel

pinzell

Malchaschte

capsa de pintures

Schär

tisores

Liim

cola

Üebigsheft

quadern d'exercicis

Huusufgabe

deures

12

Zahl

nombre

2+2

addiere

afegir

5-2

subtrahiere

sostreure

2×2

multipliziere

multiplicar

rächne

calcular

A

Buechstabe

lletra

ABCDEFG HIJKLMN OPQRSTU VWXYZ

Alphabet

alfabet

hello

Wort

mot

Text

text

läse

llegir

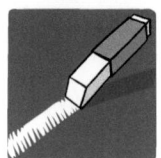

Kriide

guix

Lektion

lliçó

Klassäbuech

llibre de classe

Prüefig

examen

Zügnis

certificat

Schueluniform

uniforme escolar

Usbildig

formació

Enzyklopädie

enciclopèdia

Universität

universitat

Mikroskop

microscopi

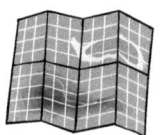

Charte

mapa

Papierchorb

paperera

Reis
viatge

Hotel
hotel
Grand
Härbärg
alberg
ROOMS
Wächselstube
oficina de canvi
EXCHANGE
Koffer
maleta
Auto
automòbil

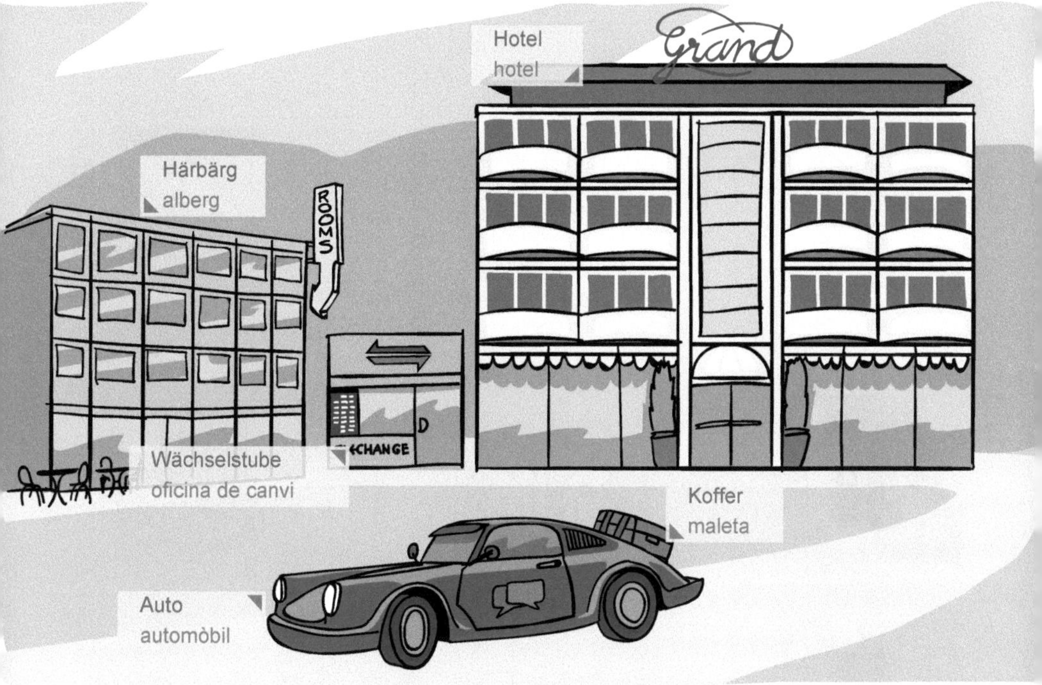

Sprach

llengua

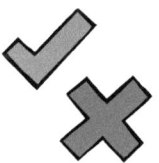

jo / nei

sí / no

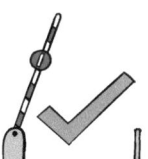

okay

D'acord

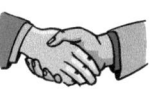

Hallo

Ey!

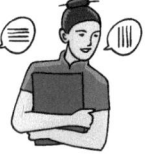

Dolmetscher

traductora

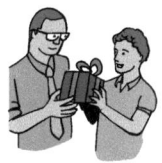

Dankä

gràcies

Was chostet...?

Quant costa... ?

Ich vrstahs nöd

No entenc

Problem

problema

Guete Abig!

Bona nit!

guete Morgä!

bon dia!

guete Abig!

bona nit!

Uf Wiederseh

fins aviat

Richtig

direcció

Bagaasch

bagatge

Täsche

bossa

Rucksack

sarrona

Gast

convidat

Ruum

cambra

Schlafsack

sac de dormir

Zält

tenda

Touristeninformation

oficina de turisme

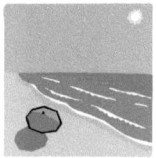

Strand

platja

Kreditkarte

carta de crèdit

Zmorge

esmorzar

Zmittag

dinar

Znacht

sopar

Billet

bitllet

Ufzug

ascensor

Briefmarke

segell

Gränze

frontera

Zoll

duana

Botschaft

ambaixada

Visum

visat

Pass

passaport

Transport
transport

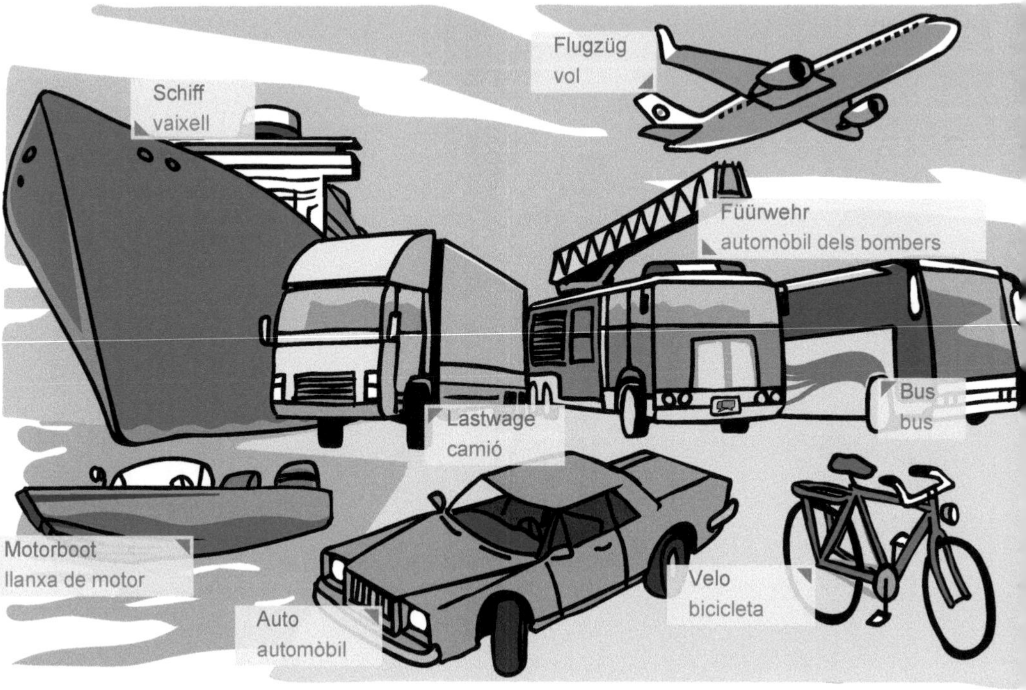

Flugzüg
vol
Schiff
vaixell
Füürwehr
automòbil dels bombers
Bus
bus
Lastwage
camió
Motorboot
llanxa de motor
Velo
bicicleta
Auto
automòbil

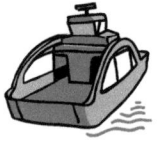

Fähri
....
transbordador

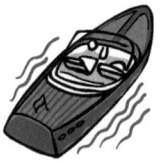

Boot
....
barca

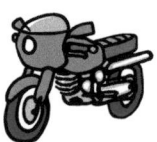

Töff
....
moto

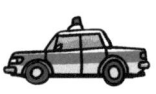

Polizeiauto
....
automòbil de policia

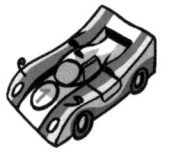

Rännauto
....
automòbil de curses

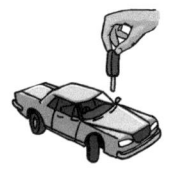

Mietwage
....
automòbil de lloguer

Carsharing

vehicle compartit

Abschleppwage

grua

Chübelwage

camió de les escombraries

Motor

motor

Benzin

benzina

Tankstell

benzineria

Verkehrsschild

senyal de trànsit

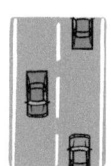

Verchehr

trànsit

Stau

embús

Parkplatz

aparcament

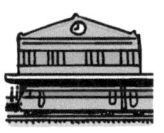

Bahnhof

estació de trens

Schiene

vies

Zug

tren

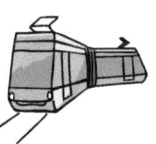

Strassebahn

tramvia

Wagon

vagó

Helikopter

helicòpter

Flughafe

aeroport

Tower

torre

Passagier

passatger

Container

contenidor

Karton

capsa de cartó

Chare

carretó

Korb

cistella

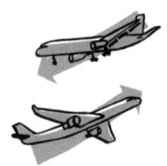

starte / lande

enlairar-se / aterrar

Stadt
ciutat

Dorf

poble

Stadtzentrum

centre de la ciutat

Huus

casa

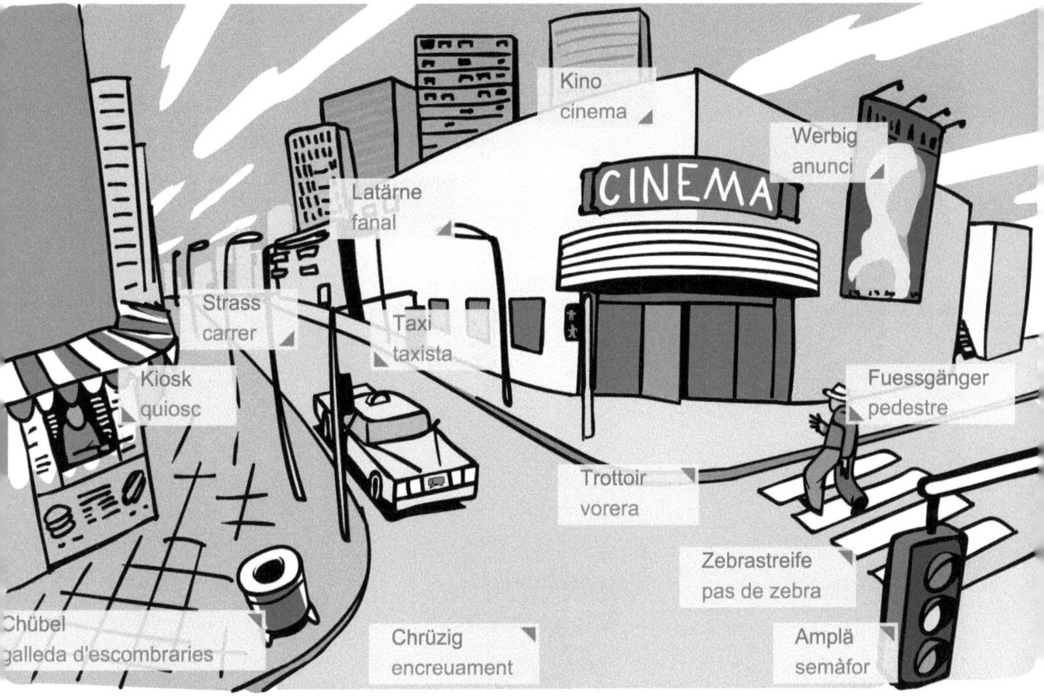

Kino
cinema

Werbig
anunci

Latärne
fanal

CINEMA

Strass
carrer

Taxi
taxista

Kiosk
quiosc

Fuessgänger
pedestre

Trottoir
vorera

Zebrastreife
pas de zebra

Chübel
galleda d'escombraries

Chrüzig
encreuament

Amplä
semàfor

Hütte

cabana

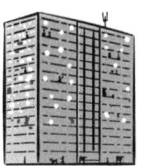

Wohnig

apartament

Bahnhof

estació de trens

Gmeindshuus

casa de la vila-ciutat

Museum

museu

Schuel

escola

Universität

universitat

Bank

banca

Spital

hospital

Hotel

hotel

Apotheke

farmàcia

Büro

oficina

Buechgschäft

llibreria

Gschäft

botiga

Bluemelade

floristeria

Läbensmittellade

supermercat

Märt

mercat

Chaufhuus

gran magatzem

Fischhändler

peixateria

Iihkaufszentrum

centre comercial

Hafe

port

Park

parc

Bank

banc

Brugg

pont

Stäge

escala

U-Bahn

metro

Tunnell

túnel

Bushaltestell

parada d'autobús

Bar

bar

Restaurant

restaurant

Briefchastä

bústia de correu

Strasseschild

senyal indicador

Parkuhr

parquímetre

Zolli

zoo

Badi

piscina

Moschee

mesquita

Buurehof
granja

Umwältvrschmutzig
pol·lució

Fridhof
cementiri

Chile
església

Spielplatz
parc infantil

Tämpel
temple

Landschaft
paisatge

Blatt
fulla

Wägwiiser
cartell indicador

Wäg
camí

Wise
prat

Stei
pedra

Baum
arbre

Wanderer
excursionista

Fluss
riu

Gras
gespa

Bluamä
flor

Tal

vall

Bärg

muntanya

See

llac

Wald

bosc

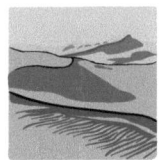

Wüeschti

desert

Vulkan

volcà

Schloss

castell

Rägeboge

arc de Sant Martí

Pilz

bolet

Palme

palmera

Moskito

moscard

Fliege

mosca

Ameise

formiga

Biendli

abella

Spinne

aranya

Chäfer

escarabat

Frosch

granota

Eichhörnli

esquirol

Igel

eriçó

Haas

llebre

Üle

òliba

Vogu

ocell

Schwan

cigne

Wildschwein

senglar

Hirsch

cervo

Elch

ant

Damm

presa

Windturbine

turbina

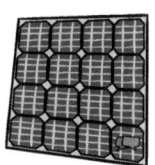

Sunnekollektor

panell solar

Klima

clima

Restaurant
restaurant

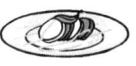

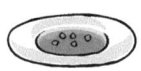

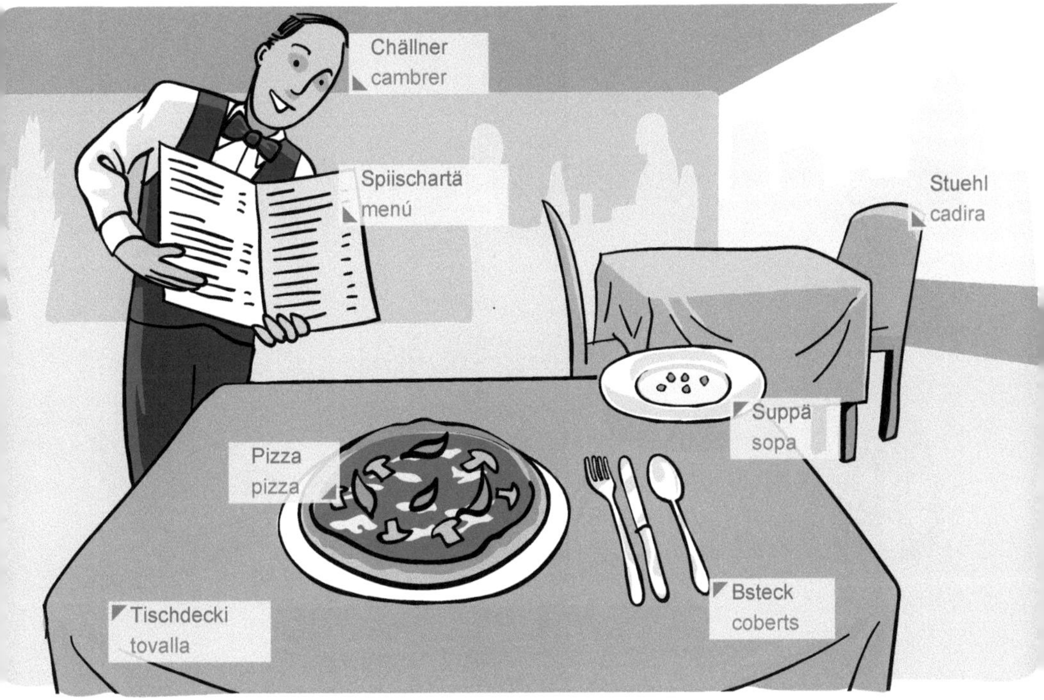
Chällner
cambrer
Spiischartä
menú
Stuehl
cadira
Suppä
sopa
Pizza
pizza
Bsteck
coberts
Tischdecki
tovalla

Vorspiies
....
primer plat

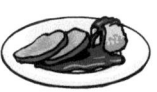

Hauptgricht
....
plat principal

Dessert
....
darreries

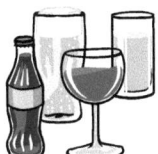

Getränk
....
begudes

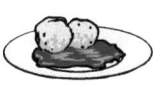

Läbensmittel
....
menjar

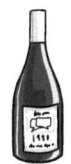

Fläsche
....
ampolla

Fast Food

menjar ràpid

Street Food

menjar de carrer

Teechanne

tetera

Zuckerdosä

sucrer

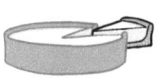

Portion

porció

Espressomaschine

màquina d'espresso

Hochstuehl

trona

Rächnig

factura

Tablett

plata

Mässer

ganivet

Gable

forqueta

Löffel

cullera

Teelöffel

cullereta

Serviette

tovalló

Glas

got

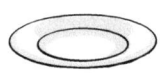

Täller
plat

Suppetällär
plat de sopa

Untertasse
plateret

Sose
salsa

Salzstreuer
saler

Pfäffermühli
molinet de pebre

Essig
vinagre

Öl
oli

Gwürz
espècies

Ketchup
quètxup

Sänf
mostassa

Mayonnaise
maionesa

Läbensmittellade

supermercat

Ahgebot
oferta especial
FOR
Chund
client
Milchprodukt
productes lactis
Früchte
fruites
Iichaufswage
carret de la compra

BUTCHERS

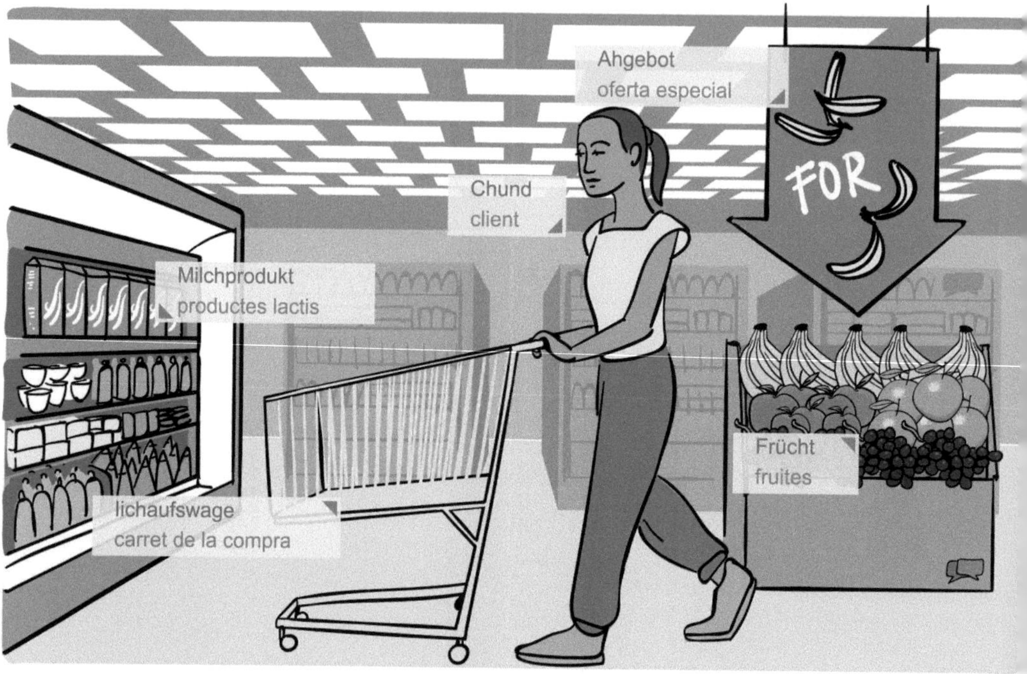

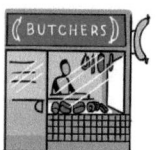

Schlachter

carnisseria

BAKERY

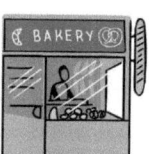

Beck

forn de pa

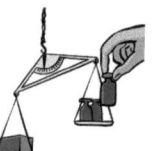

wiege

pesar

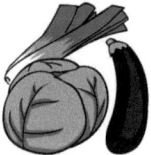

Gmües

verdures

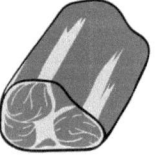

Fleisch

carn

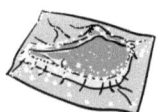

Tiefkühlprodukt

menjar congelat

Ufschnitt

carn freda

die Konsärve

conserves

Wöschmittel

detergent en pols

Süessigkeite

dolços

Huushaltartikel

articles domèstics

Putzmittel

productes de neteja

Verchäuferin

venedora

Kassä

caixa registradora

Kassierer

caixera

Ihchaufsliste

llista de la compra

Öffnigszite

horari d'obertura

das Portemonnaie

portamonedes

Kreditkarte

carta de crèdit

Täsche

bossa

Plastiksack

bossa de plàstic

Getränk

begudes

Wasser

aigua

Saft

suc

Milch

llet

Cola

coca-cola

Wii

vi

Bier

cervesa

Alkohol

alcohol

Ovi

cacau

Tee

te

Kafi

cafè

Espresso

espresso

Cappuccino

cappuccino

Banane

banana

Öpfel

poma

Orange

taronja

Melone

síndria

Zitrone

llimona

Rüebli

pastanaga

Chnoobli

all

Bambus

bambú

Zwiblä

ceba

Pilz

bolet

Nüss

avellanes

Nudle

fideus

Spaghetti

espaguetis

Riis

arròs

Salat

amanida

Pommfrit

patates fregides

Bratherdöpfel

patates fregides

Pizza

pizza

Hamburgär

hamburguesa

Sandwich

entrepà

Gotlett

escalopa

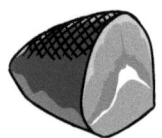

Schinkä

cuixot

Salami

salami

Würschtli

salsitxa

Huehn

pollastre

Bratä

rostit

Fisch

peix

Haferflocke

flocs de civada

Müesli

musli

Cornflakes

cereals

Mähl

farina

Gipfeli

croissant

Brötli

panet

Brot

pa

Toscht

torrada

Guetzli

bescuits

Butter

mantega

Quark

mató

Chueche

pastís

Ei

ou

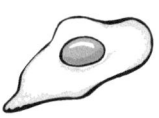

Spiegelei

ou fregit

Chäs

formatge

Glace

gelat

Zucker

sucre

Honig

mel

Gonfi

melmelada

Nougat-Creme

crema de xocolata

Curry

curri

Buurehof
granja

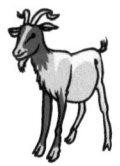

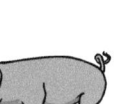

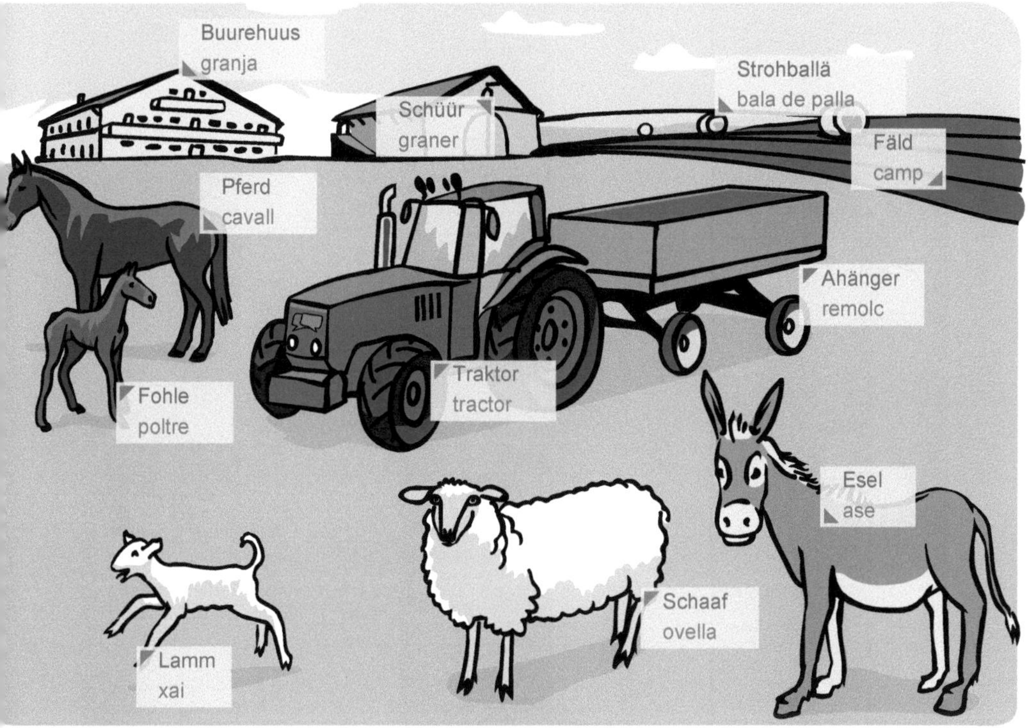

Buurehuus
granja
Schüür
graner
Strohballä
bala de palla
Fäld
camp
Pferd
cavall
Ahänger
remolc
Traktor
tractor
Fohle
poltre
Esel
ase
Schaaf
ovella
Lamm
xai

Geiss
cabra

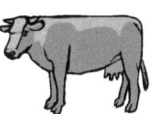

Chueh
vaca

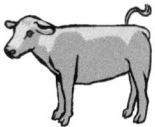

Chalb
vedella

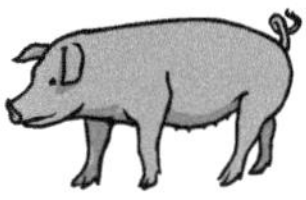

Sau
porc

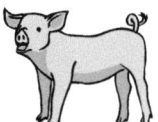

Ferkel
garrí

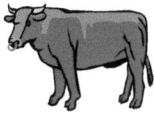

Rind
bou

Gans

oca

Änte

ànec

Küke

poll

Huähn

gall

Güggel

gallina

Ratte

rata

Chatz

gat

Muus

ratolí

Ochse

bou

Hund

gos

Hundehütte

gossera

Garteschluuch

mànega de regar

Giesschanne

regadora

Sägese

dalla

Pflueg

arada

Sichel

falç

Hacke

aixada

Heugable

forca

Axt

destral

Garette

carretó

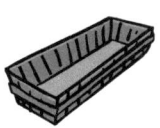

Trog

abeurador

Milchchanne

lletera

Sack

sac

Haag

tanca

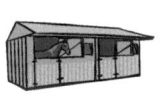

Gadä

establa

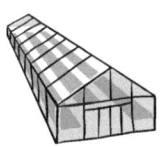

Gwächshuus

hivernacle

Bode

sòl

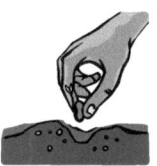

Soome

llavor

Dünger

adob

Mähdrescher

collidora

ärnte

collir

Ärnte

collita

Yamswurzle

nyam

Weize

blat

Soja

soja

Härdöpfel

patata

Mais

blat de moro o d'indi

Raps

colza

Obstbaum

arbre fruiter

Maniok

mandioca

Getreide

cereals

Huus
casa

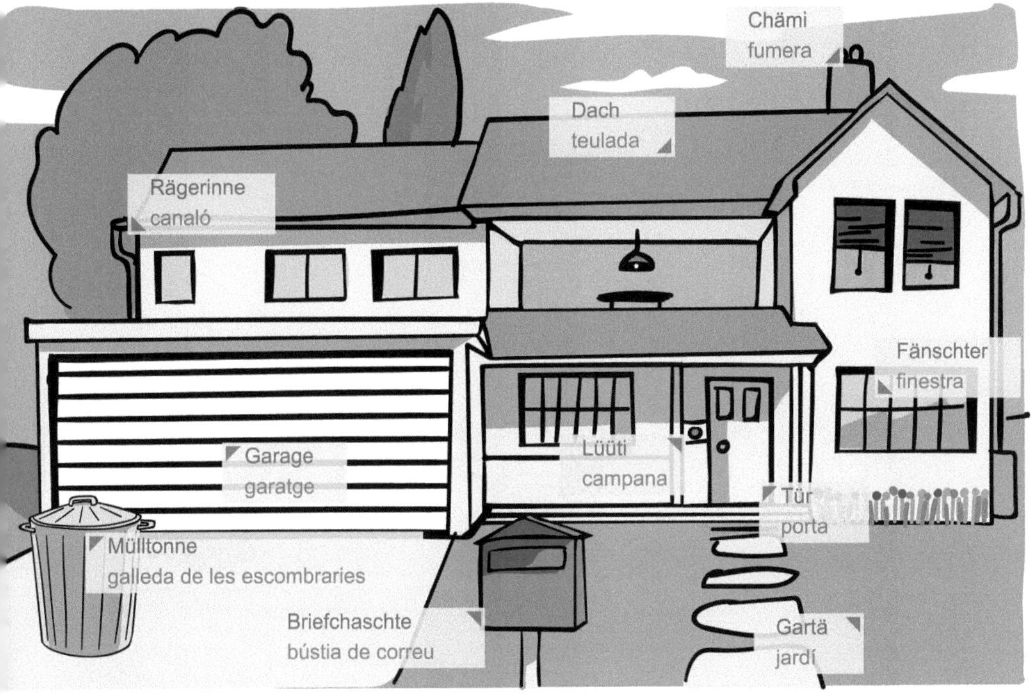
Chämi
fumera
Dach
teulada
Rägerinne
canaló
Fänschter
finestra
Garage
garatge
Lüüti
campana
Tür
porta
Mülltonne
galleda de les escombraries
Briefchaschte
bústia de correu
Gartä
jardí

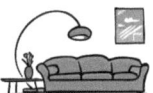

Stubä

sala d'estar

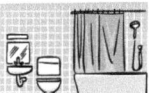

Badzimmer

bany

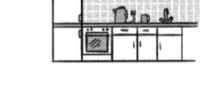

Chuchi

cuina

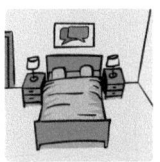

Schlofzimmer

cambra de dormir

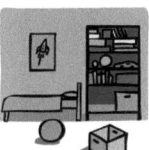

Chinderzimmer

cambra de nen

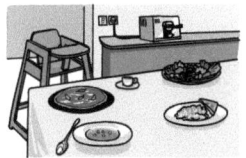

Ässzimmer

menjador

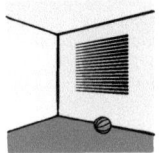

Bodä

sòl

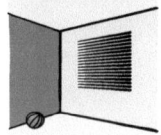

Wand

paret

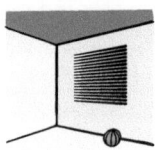

Decki

sostre

Chäller

soterrani

Sauna

sauna

Balkon

balcó

Terasse

terrassa

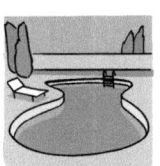

Pool

piscina

Rasemäier

tallagespa

Bettbezug

vànova

Bettdecki

cobrellit

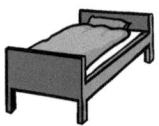

Bett

llit

Bäse

escombra

Chübel

galleda

Schalter

interruptor

Stubä
sala d'estar

Tapete
paper de paret
Bild
quadre
Lampä
làmpada
Regal
prestatge
Schrank
armari
Färnseh
televisor
Kamin
escalfapanxes
Bluamä
flor
Chüssi
coixí
Sofa
sofà
Vasä
gerro
Färnbedienig
telecomanda

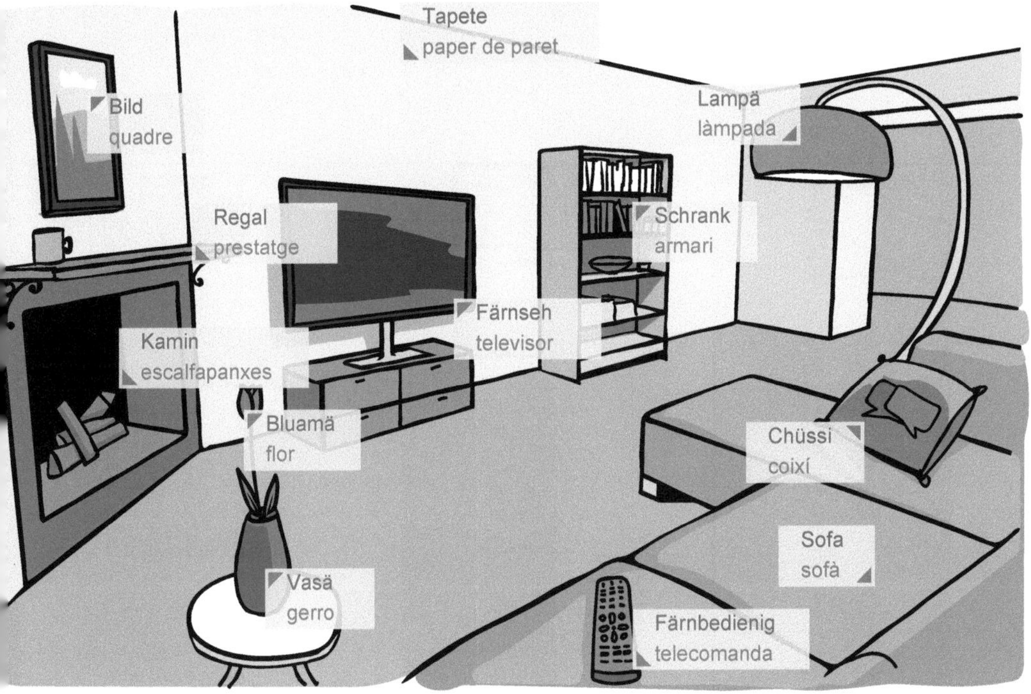

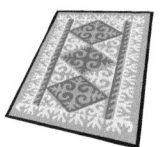

Teppich

catifa

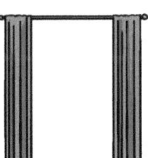

Vorhang

cortina

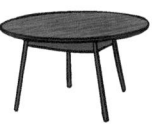

Tisch

taula

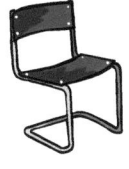

Stuehl

cadira

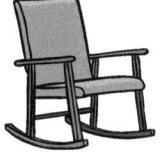

Schaukelstuehl

cadira gronxadora

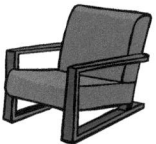

Sässel

cadiral

Buech

llibre

Decki

llençol

Dekoration

decoració

Füürholz

llenya

Film

film

Stereoaahlag

cadena de música

Schlüssel

clau

Ziitig

diari

Bild

pintura

Poster

cartell

Radio

ràdio

Notizblock

bloc de notes

Staubsuuger

aspiradora

Kaktus

cactus

Chärze

candela

Chuchi
cuina

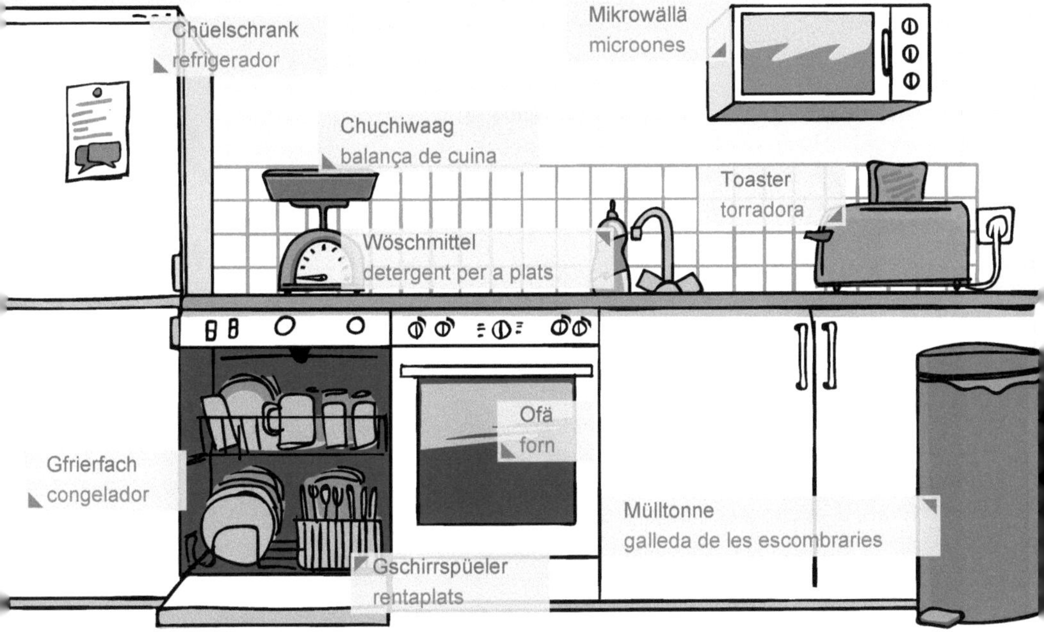

Chüelschrank
refrigerador
Mikrowällä
microones
Chuchiwaag
balança de cuina
Toaster
torradora
Wöschmittel
detergent per a plats
Ofä
forn
Gfrierfach
congelador
Müllitonne
galleda de les escombraries
Gschirrspüeler
rentaplats

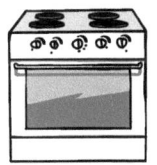

Härd

cuina de fogons

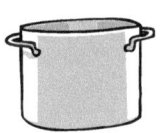

Topf

olla

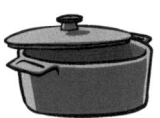

Iisetopf

olla de ferro colat

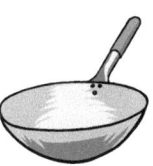

Wok / Kadai

wok / karahi

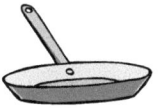

Pfanne

paella

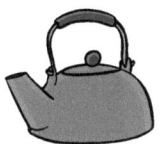

Wasserchocher

bullidor

Dampfer

olla de vapor

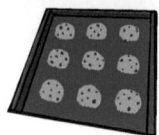

Bachbläch

plata de forn

Gschirr

vaixella

Bächer

tassa grossa

Schale

bol

Stäbli

bastonets xinesos

Suppechellä

culler

Pfannewänder

espàtula

Schneebäse

batedor

Sieb

colador

Sieb

sedàs

Raffle

ratllador

Mörser

morter

Grill

barbacoa

Füürstell

foc a terra

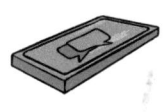

Schniidbrätt

taula de tallar

Nudelholz

corró

Korkäzieher

llevataps

Dosä

pot de conserva

Dosäöffner

obridor

Topflappä

agafador

Wöschbecki

aigüera

Bürste

raspall

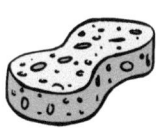

Schwumm

esponja

Mixer

batedora

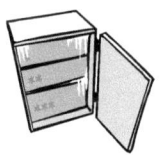

Gfrierschrank

congelador

Babyfläschli

biberó

Hahnä

aixeta

Badzimmer
bany

Duschi
dutxa
Heizig
calefacció
Handtuech
tovallola
Duschvorhang
cortina de dutxa
Schumbad
bany de bombolles
Badwanne
banyera
Glas
got
Wöschmaschine
rentadora
Hahnä
aixeta
Fliesä
rajoles
Töpfli
orinal
Wöschbecki
aigüera

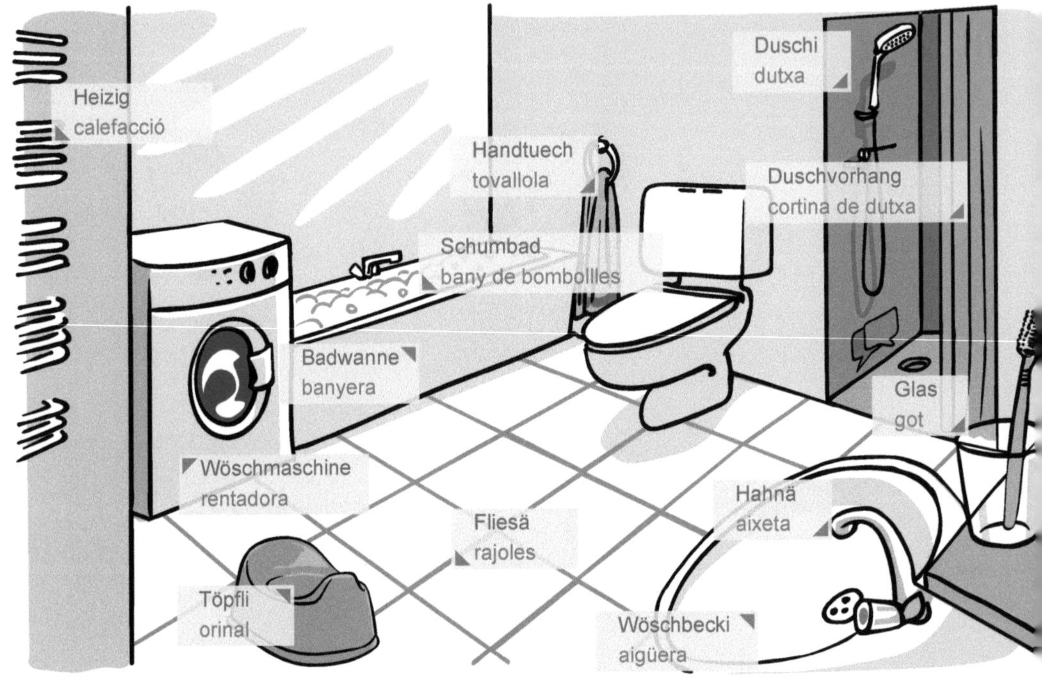

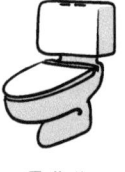

Toilette

lavabo

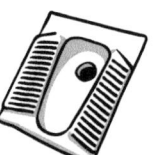

Plumpsklo

lavabo turc

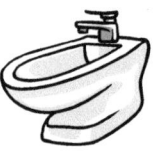

Bidet

bidet

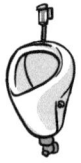

Pissoir

orinador

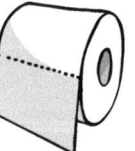

Toilettepapier

paper higiènic

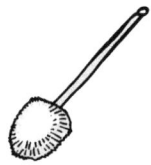

Toilettebürschteli

escombreta de sanitari

Zahbürstä

raspall de dents

Zahpasta

pasta de dents

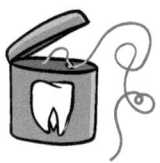

Zahnsiide

fil dental

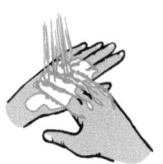

wäsche

rentar

Handduschi

pom de dutxa

Intiimduschi

dutxa íntima

Wöschbecki

rentamans

Ruggäbürste

raspall per a l'esquena

Seifä

sabó

Duschgel

gel de dutxa

Shampoo

xampú

Waschlappä

manyopla de bany

Abfluss

bonera

Creme

crema

Deo

desodorant

Spiegel

mirall

Handspiegel

mirall-espill de mà

Rasierer

maquineta de rasar

Rasierschuum

espuma de barbejar

Aftershave

loció post-rasada

Schträäl

pinta

Bürstä

raspall

Föhn

eixugador

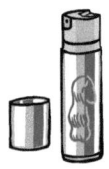

Hoorspray

laca

Makeup

maquillatge

Lippestift

pintallavis

Nagellack

esmalt d'ungles

Wattä

cotó

Nagelscher

tallaungles

Parfum

perfum

Necessaire

estoig de bellesa

Schemel

tamboret

Waag

bàscula

Badmantel

barnús

Gummihändscheh

guants de goma

Tampon

compresa higiènica

Damebinde

compresa

chemischi Toilette

sanitari químic

Chinderzimmer
cambra de nen

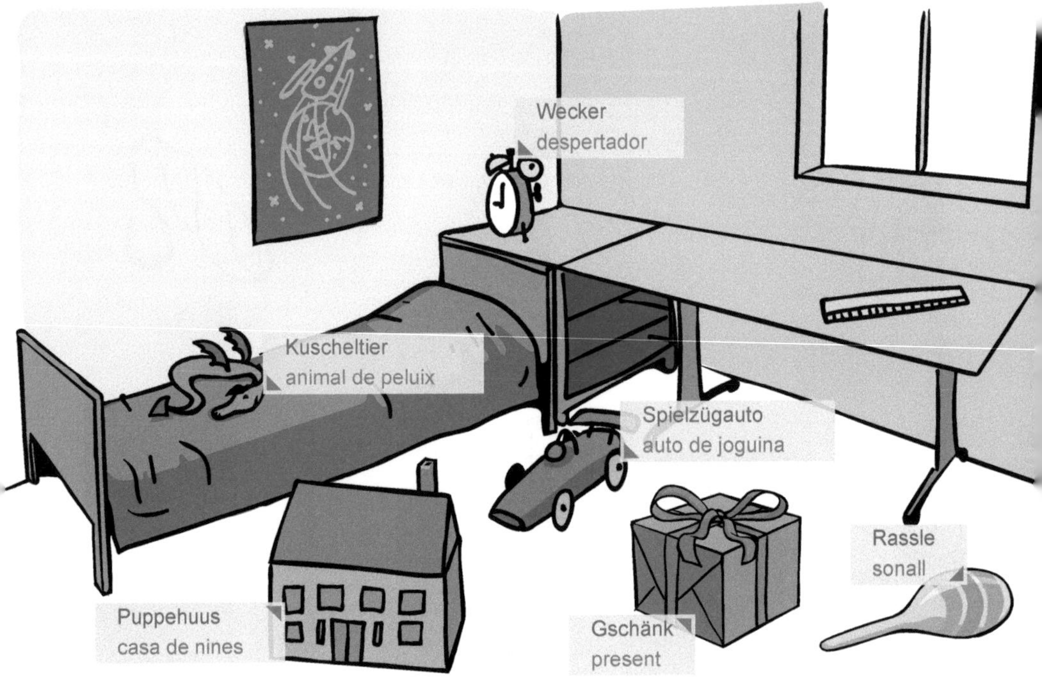
Wecker
despertador
Kuscheltier
animal de peluix
Spielzügauto
auto de joguina
Rassle
sonall
Puppehuus
casa de nines
Gschänk
present

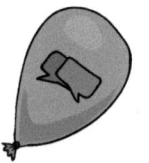

Ballon

baló

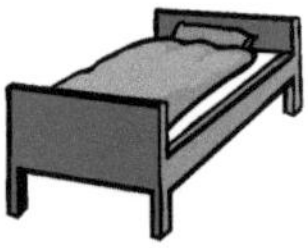

Bett

llit

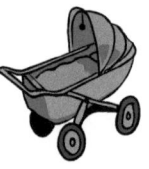

Chinderwage

cotxet per a nens

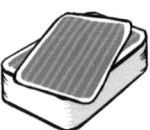

Chartespiel

joc de cartes

Puzzle

trencaclosca

SUPER
MEGA

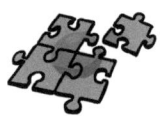

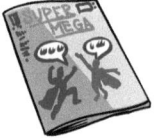

Comic

historieta

Legos

peces de lego

Baustei

peces de construcció

Action Figur

ninot d'acció

Strampli

granota

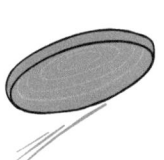

Frisbee

frisbee

Mobile

mòbil per a bressol

Brättspiel

joc de taula

Würfäl

daus

Modellisebahn

tren elèctric

Nuggi

xumet

Party

festa

Bilderbuch

llibre de dibuixos

Ball

pilota

Puppä

nina

spiele

jugar

Sandchaschte

sorrera

Gigampfi

gronxador

Spielzüg

joguines

Videospielkonsole

consola de jocs de vídeo

Dreirad

tricicle

Teddy

osset de peluix

Chleiderschrank

armari

Chleidig

roba

Sockä

mitjons

Strümpf

mitges

Strumpfhosä

mitja pantaló

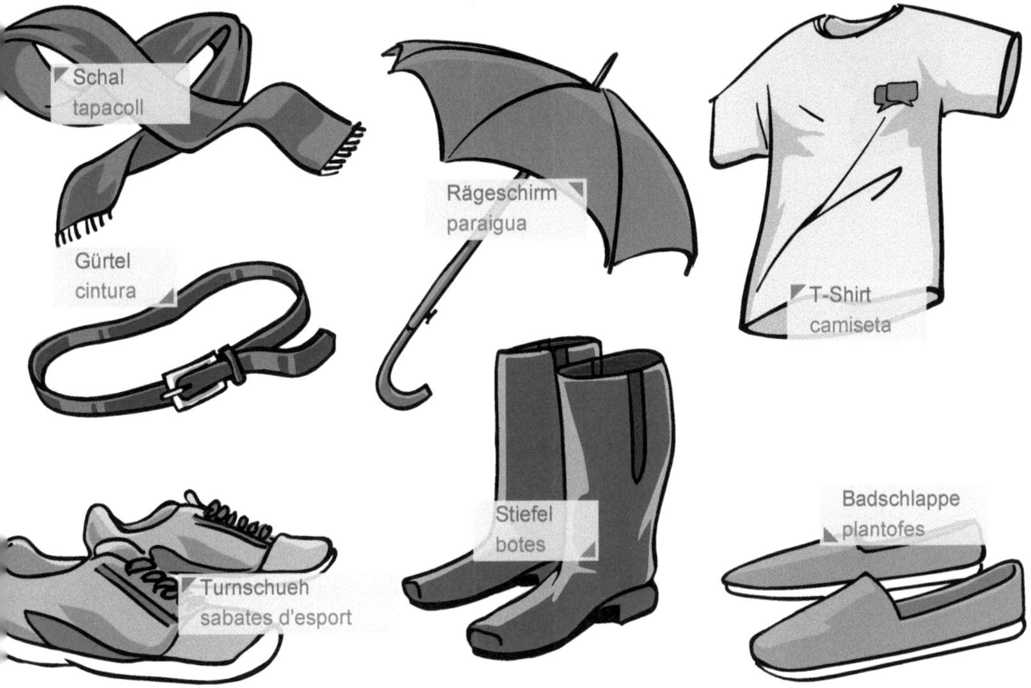

Schal
tapacoll

Rägeschirm
paraigua

T-Shirt
camiseta

Gürtel
cintura

Stiefel
botes

Badschlappe
plantofes

Turnschueh
sabates d'esport

Sandalä

sandàlies

Schueh

sabates

Gummistiefel

botes de goma

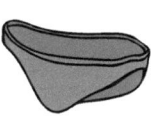

Untrhosä

calçonets

BH

sostenidor

Underlibli

guardapits

Body
jjustacòs

Hosä
pantalons

Jeans
jeans

Rock
faldeta

Bluse
brusa

Hömli
camisa

Pulli
jersei

Kapuzepulli
dessuadora

Blazer
blazer

Jacke
jaqueta

Mantel
mantell

Rägämantel
impermeable

Chostüm
vestit de dona

Chleid
vestit de dona

Hochziitskleid
vestit de núvia

Ahzug

vestit d'home

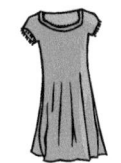

Nachthömli

camisa de dormir

Pyjama

pijama

Sari

sari

Chopftuäch

mocador de cap

Turban

turbant

Burka

burca

Kaftan

caftan

Abaya

abaia

Badchleid

vestit de bany

Badhose

calçon(et)s de bany

churzi Hosä

pantalons curts

Trainer

xandall

Schürze

davantal

Händsche

guants

Chnopf

botó

Brüllä

ulleres

Armband

braçalet

Chetti

collaret

Ring

anell

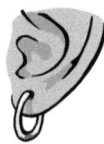

Ohrering

orellera

Chappe

casquet

Chleiderbügel

penjador

Huet

capell

Grawattä

corbata

Riissverschluss

cremallera

Helm

casc

Hosäträger

elàstics

Schueluniform

uniforme escolar

Uniform

uniforme

Lätzli

pitet

Nuggi

xumet

Windle

bolquer

Büro

oficina

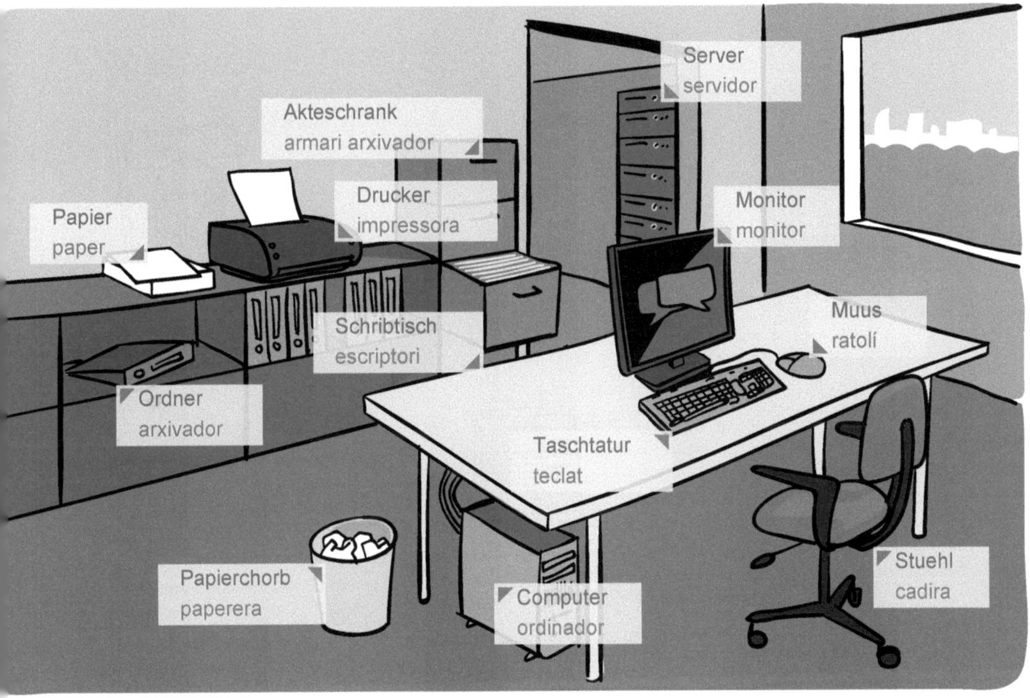

Server
servidor

Akteschrank
armari arxivador

Drucker
impressora

Monitor
monitor

Papier
paper

Muus
ratolí

Schribtisch
escriptori

Ordner
arxivador

Taschtatur
teclat

Papierchorb
paperera

Stuehl
cadira

Computer
ordinador

Kafibächer

tassa de cafè

Tascherächner

calculadora

Internet

Internet

Laptop

ordinador portàtil

Brief

lletra

Nochricht

missatge

Mobiltelefon

mòbil

Netzwärk

xarxa

Kopierer

fotocopiadora

Software

programari

Telefon

telèfon

Steckdosä

presa de corrent

Fax

fax

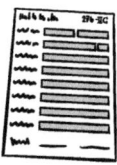

Formular

formulari

Dokumänt

document

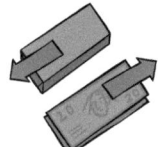

chaufe

comprar

zahle

pagar

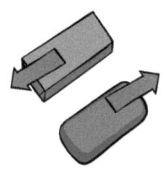

handle

comerciar

Gäld

diners

Dollar

dòlar

Euro

euro

Yen

ien

Rubel

ruble

Frankä

franc suís

Renminbi Yuan

renminbi

Rupie

rupia

Gäldautomat

caixa automàtica

Wächselstube

oficina de canvi

Gold

or

Silber

argent

Öl

petroli

Energie

energia

Priis

preu

Vertrag

contracte

Stüür

impost

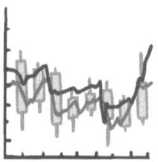

Aktie

acció

schaffe

treballar

Mitarbeiter

treballador

Arbeitgeber

empresari

Fabrik

fàbrica

Gschäft

botiga

Brüef
oficis

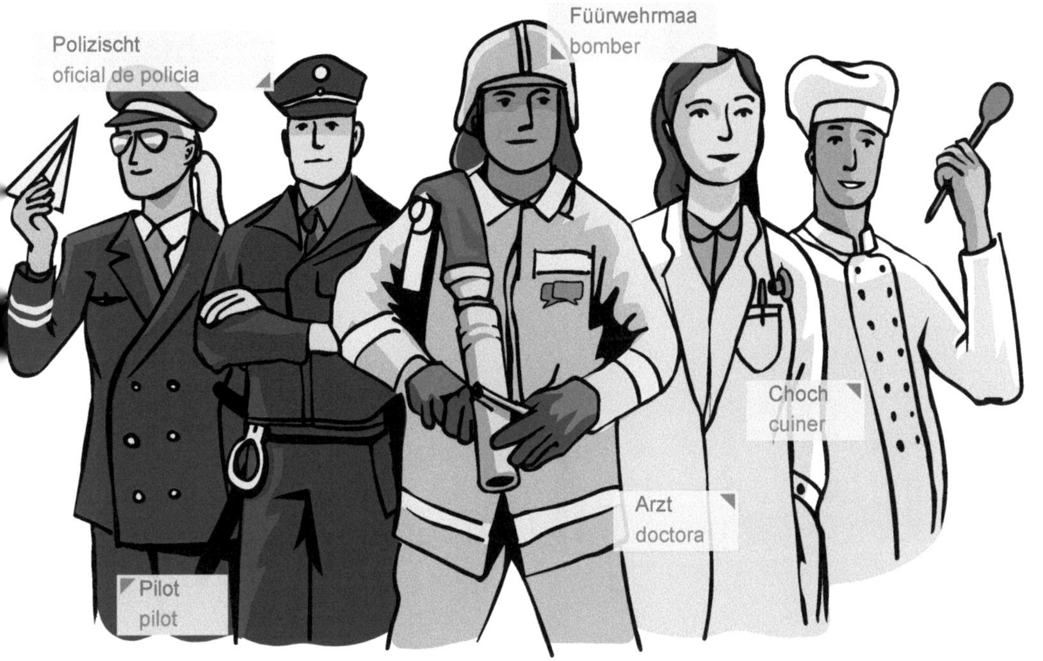
Polizischt
oficial de policia
Füürwehrmaa
bomber
Choch
cuiner
Arzt
doctora
Pilot
pilot

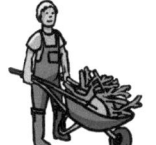

Gärtner

jardiner

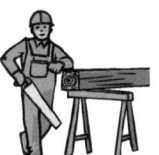

Zimmermah

fuster

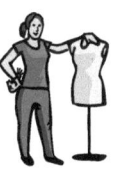

Näheri

costurera

Richter

jutge

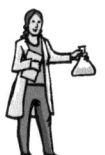

Chemiker

química

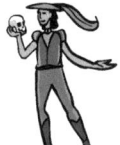

Darsteller

actor

Busfahrer

conductor d'autobús

Taxifahrer

taxista

Fischer

pescador

Putzfrau

dona de la neteja

Dachdecker

ensostrador

Chällner

cambrer

Jäger

caçador

Moler

pintor

Bäcker

forner

Elektriker

electricista

Bauarbeiter

obrer de la construcció

Ingenieur

enginyer

Schlachter

carnisser

Klämpner

llanterner

Pöschtler

correu

Brüef - oficis

Soldat

soldat

Architekt

arquitecte

Kassierer

caixera

Florischt

florista

Frisör

perruquer

Kontrolleur

revisor

Mechaniker

mecànic

Kapitän

capità

Zahnarzt

dentista

Wüsseschaftler

científic

Rabbi

rabí

Imam

imam

Mönch

monjo

Pfarrer

capellà

Werkzüüg

eines

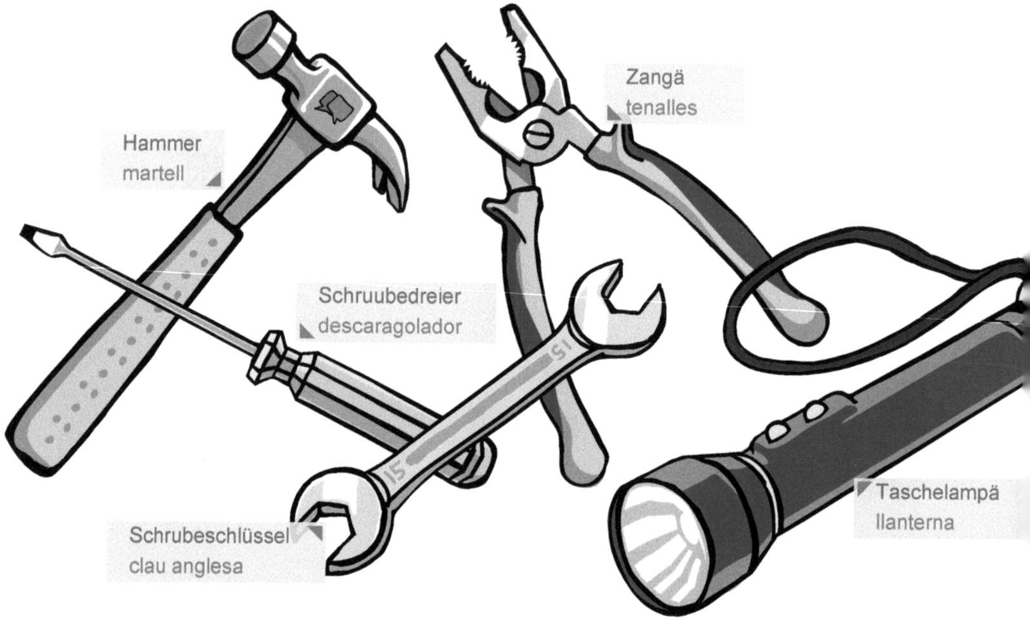
Hammer
martell
Zangä
tenalles
Schruubedreier
descaragolador
Schrubeschlüssel
clau anglesa
Taschelampä
llanterna

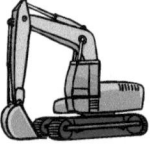

Bagger

excavadora

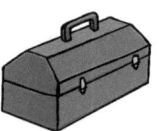

Werkzüügchaschte

caixa d'eines

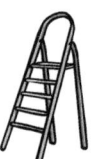

Leitere

escala

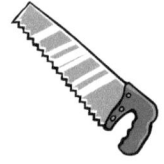

Sagi

serra

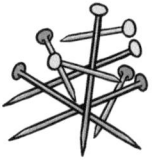

Negel

claus

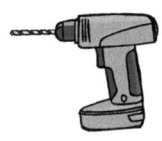

Bohrer

trepant

flicke

reparar

Schufle

pala

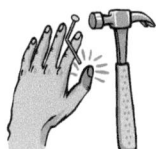

Mischt!

Maleït siga!

Ascheschufle

pala

Farbchübel

pot de pintura

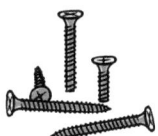

Schruube

caragols

Musiginstrumänt

instrument de música

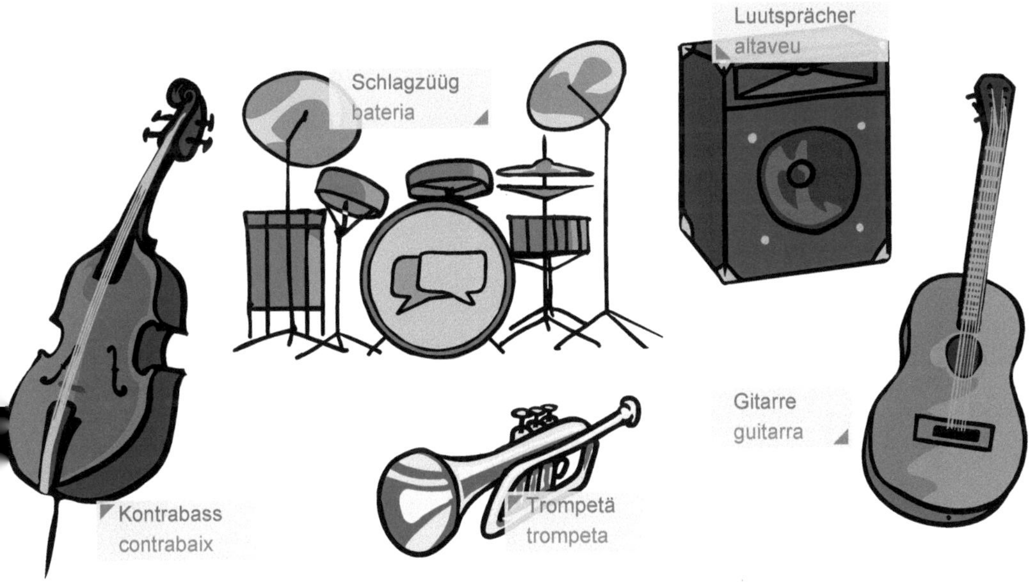

Schlagzüüg
bateria

Luutsprächer
altaveu

Kontrabass
contrabaix

Trompetä
trompeta

Gitarre
guitarra

Klavier

piano

Violine

violí

Bass

baix

Pauke

timbal

Trummle

tambor

Keyboard

teclat

Saxophon

saxofon

Flöte

flauta

Mikrofon

micròfon

Zolli

zoo

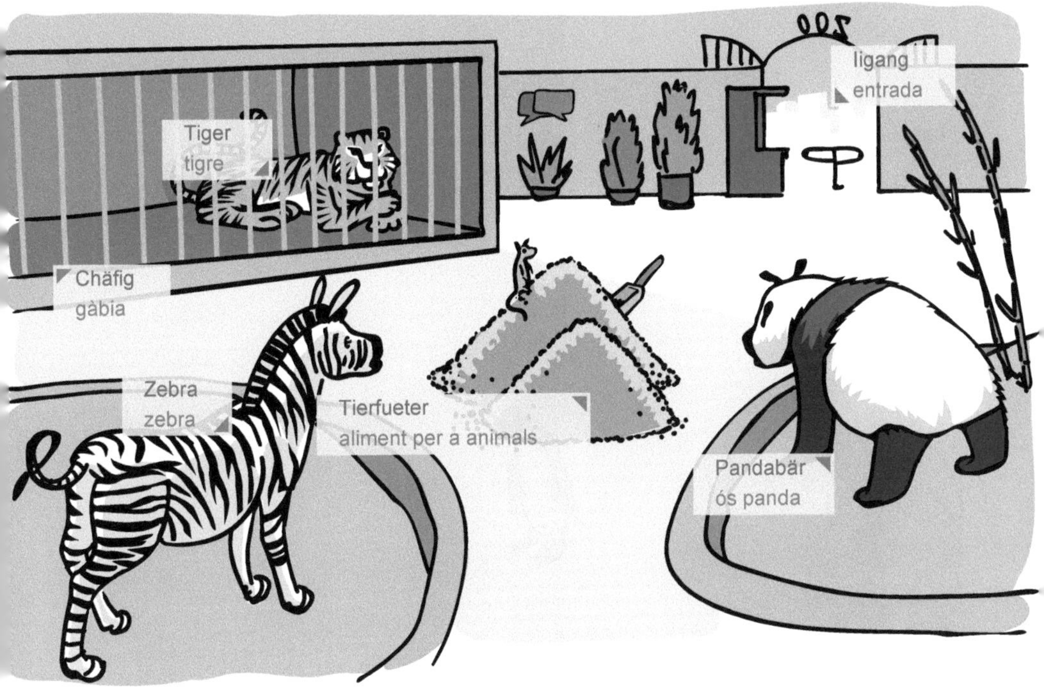
Tiger
tigre
Chäfig
gàbia
Zebra
zebra
Tierfueter
aliment per a animals
Pandabär
ós panda
Iigang
entrada

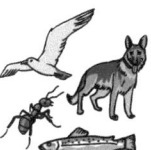

Tier

animals

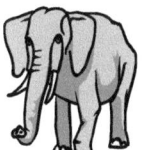

Elefant

elefant

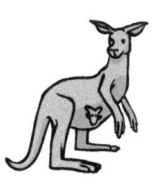

Känguru

cangurú

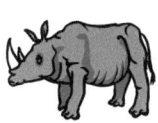

Nashorn

rinoceront

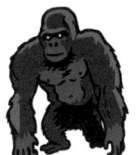

Gorilla

goril·la

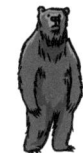

Bär

ós

Kamel

camell

Struss

estruç

Leu

lleó

Aff

simi

Flamingo

flamenc

Papagei

papagai

Iisbär

ós polar

Pinguin

pingüí

Hai

ca mari

Pfau

paó

Schlangä

serp

Krokodil

cocodril

Zoowärter

guardià del zoo

Robbä

foca

Jaguar

jaguar

Pony

poni

Leopard

lleopard

Nilpfärd

hipopòtam

Giraff

girafa

Adler

àliga

Wildschwein

senglar

Fisch

peix

Schildkrot

tortuga

Walross

morsa

Fuchs

guineu

Gazelle

gasela

American Football
futbol americà

Velofahre
ciclisme

Tennis
tenis

Basketball
bàsquet

Schwümmä
natació

Boxä
boxa

lishockey
hoquei sobre gel

Fuessball

futbol americà

Badminton

bàdminton

Liechtathletik

atletisme

Handball

handbol

Skifahre

esquí

Polo

polo

springä
saltar

umarme
abraçar

lachä
riure

gah
anar

singe
cantar

troime
somiar

bätte
pregar

küssä
fer un petó

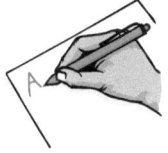

schribe

escriure

zeichne

dibuixar

zeige

mostrar

schiebe

pitjar

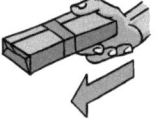

gäh

donar

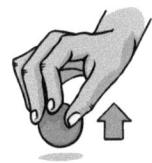

näh

prendre

händ

tenir

mache

fer

sy

ésser

stah

estar dret

laufe

córrer

zieh

estirar

rüerä

llançar

fallä

caure

ligge

jeure

warte

esperar

träge

portar

sitze

asseure's

ahzieh

vestir-se

schlafe

dormir

ufwache

despertar-se

ahluege

mirar

brüele

plorar

striichle

amoixar

bürste

pentinar

redä

parlar

verschtah

comprendre

froog

demanar

lose

escoltar

trinke

beure

ässe

menjar

ufruume

endreçar

liebe

estimar

chochä

cuinar

fahre

conduir

flüge

volar

segle

navegar

rächne

calcular

läse

llegir

leerä

aprendre

schaffe

treballar

hürate

casar-se

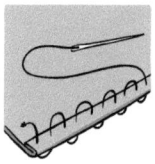

näije

cosir

Zäh putze

raspallar-se les dents

töte

matar

schlootä

fumar

sände

enviar

Grossmuetter
àvia

Grossvater
avi

Vatter
pare

Muetter
mare

Baby
nadó

Tochter
filla

Sohn
fill

Gast

convidat

Tante

tia

Unkel

oncle

Brüeder

germà

Schwöschter

germana

Körpär

cos

Stirn
front
Aug
ull
Schultere
espatlla
Fingär
dit
Gsicht
cara
Chüni
barbeta
Hand
mà
Bruscht
pit
Bei
cama
Arm
braç

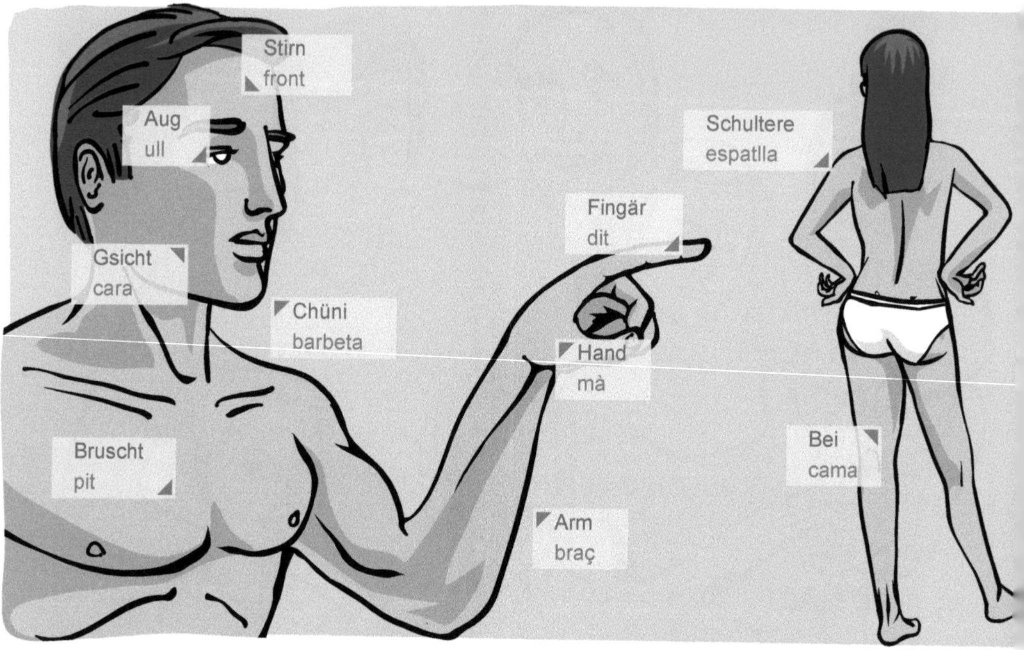

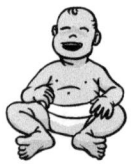

Baby
nadó

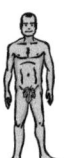

Mah
home

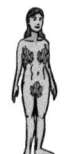

Frau
dona

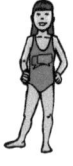

Meitli
noia

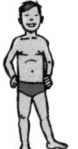

Bueb
noi

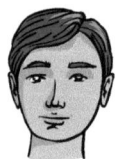

Chopf
cap

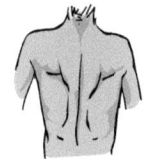

Ruggä

esquena

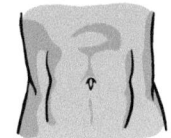

Buuch

panxa

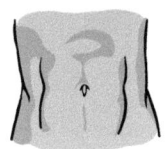

Buchnabel

melic

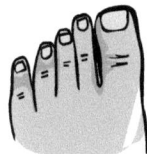

Zäche

dit gros del peu

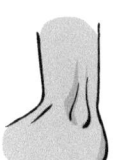

Fersä

taló

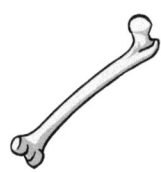

Knoche

os

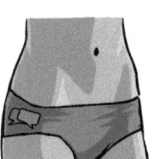

Hüfte

maluc

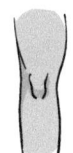

Chnü

genoll

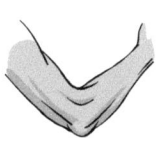

Ellbogä

colze

Nase

nas

Füdli

cul

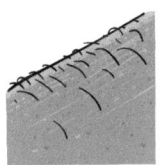

Hut

pell

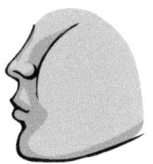

Bagge

galta

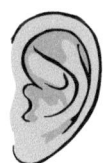

Ohr

orella

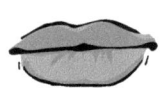

Lippe

llavi

Muul

boca

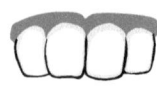

Zah

dent

Zungä

llengua

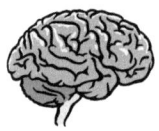

Hirni

cervell

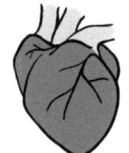

Härz

cor

Muskel

múscul

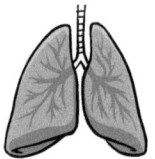

Lungä

pulmó

Läberä

fetge

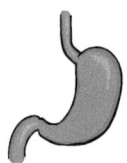

Magen

estómac

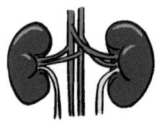

Nierä

ronyó

Gschlächtsvrkehr

relació sexual

Kondom

preservatiu

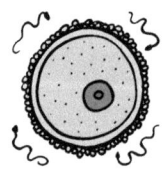

Eizälle

ovari

Soome

semen

Schwangerschaft

prenyat

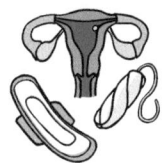

Menstruation

menstruació

Vagina

vagina

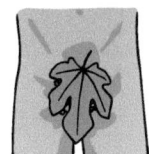

Penis

penis

Augebrauä

cella

Haar

cabells

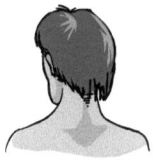

Hals

coll

Spital
hospital

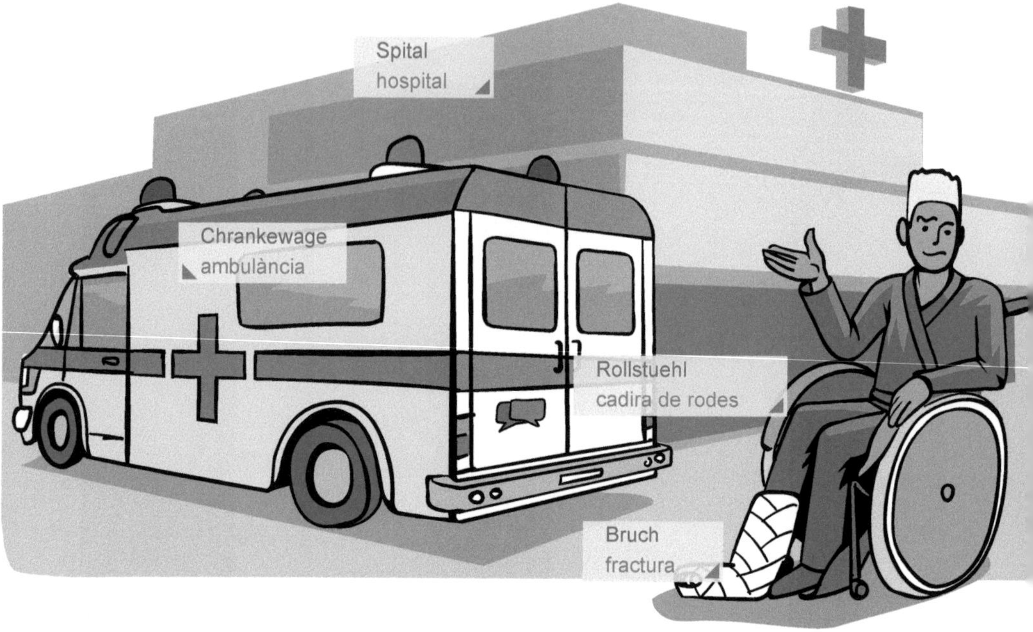

Spital
hospital
Chrankewage
ambulància
Rollstuehl
cadira de rodes
Bruch
fractura

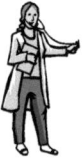

Arzt
doctora

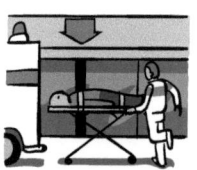

Notufnahm
sala d'urgències

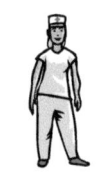

Chrankeschwöschter
infermera

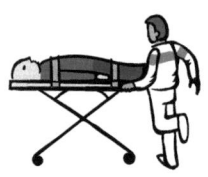

Notfall
urgència

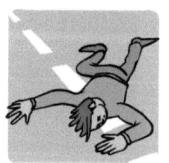

ohnmächtig
inconscient

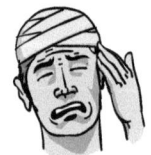

Schmärz
dolor

Verletzig

ferida

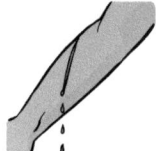

Bluätig

sagnament

Härzinfarkt

atac de cor

Schlagahfall

apoplexia

Allergie

al·lèrgia

Hueschtä

tos

Fieber

febre

Grippe

gripa

Durchfall

diarrea

Kopfschmärze

mal de cap

Kräbs

càncer

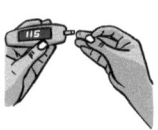

Diabetes

diabetis

Chirurg

cirurgià

Skalpell

escalpel

Operation

operació

CT
tomografia computada (TC), TAC

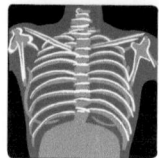

Röntgä
raigs x

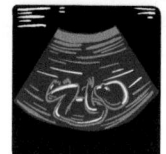

Ultraschall
ultrasò

Gsichtsmaske
mascareta

Krankhet
malaltia

Wartezimmer
sala d'espera

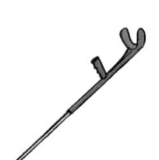

Krückä
crossa

Pflaster
tireta

Vrband
embenat

Injektion
injecció

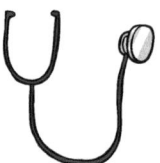

Stethoskop
estetoscopi

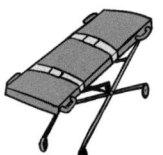

Trage
llitera

Thermometer
termòmetre clínic

Geburt
pariment

Übergwicht
sobrepès

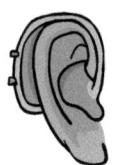

Hörgrät

aparell auditiu

Desinfektionsmittel

desinfectant

Infektion

infecció

Virus

virus

HIV / AIDS

VIH / SIDA

Medizin

medicina

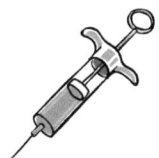

Impfig

vaccí

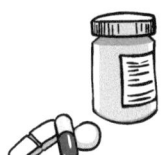

Tablette

comprimits

Pille

píl·lola

Notruef

trucada d'urgència

Bluetdruck-Mässgrät

tensiòmetre

chrank / gsund

malalt / sà

Alarm

alarma

Überfall

assalt

Hiufe!

Socors!

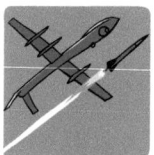

Ahgriff

atac

Gfohr

perill

Notuusgang

sortida-eixida d'urgència

Füür!

Foc!

Füürlöscher

extintor

Unfall

accident

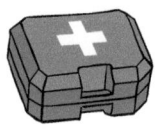

Ersti-Hilf-Koffer

farmaciola de primers auxilis

SOS

SOS

Polizei

policia

Europa

Europa

Nordamerika

Amèrica del Nord

Südamerika

Amèrica del Sud

Afrika

Àfrica

Asie

Àsia

Auschtralie

Austràlia

Atlantik

Atlàntic

Pazifik

Pacífic

Indische Ozean

Oceà Índic

Antarktische Ozean

Oceà Antàrtic

Arktische Ozean

Oceà Àrtic

Nordpol

pol nord

Südpol

pol sud

Antarktis

Antàrtida

Ärde

terra

Land

país

Meer

mar

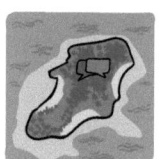

Inslä

illa

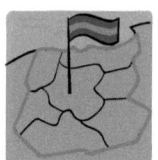

Nation

nació

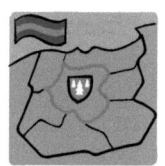

Staat

estat

Ziffereblatt

quadrant

Stundezeiger

agulla de les hores

Minutezeiger

agulla dels minuts

Sekundezeiger

agulla dels segons

Wie spaht isch es?

Quina hora és?

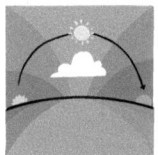

Tag

dia

Zit

temps

jetzt

ara

Digitaluhr

rellotge digital

Minute

minut

Stunde

hora

Wuche
setmana

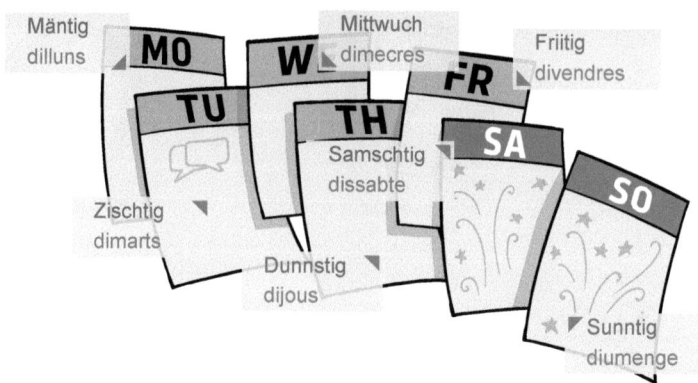

Mäntig — dilluns
Zischtig — dimarts
Mittwuch — dimecres
Dunnstig — dijous
Friitig — divendres
Samschtig — dissabte
Sunntig — diumenge

geschter

ahir

hüt

avui

morn

demà

Morgä

matí

Mittag

migdia

Aabig

tarda

Wärktag

dia feiner

Wuchenänd

cap de setmana

Johr
any

Räge
pluja
Rägeboge
arc de Sant Martí
Wind
vent
Schnee
neu
Früelig
primavera
Herbscht
tardor
Summer
estiu
Winter
hivern

4.APRIL 11°
5.APRIL 4°
6.APRIL 13°
7.APRIL 8°
8.APRIL 10°

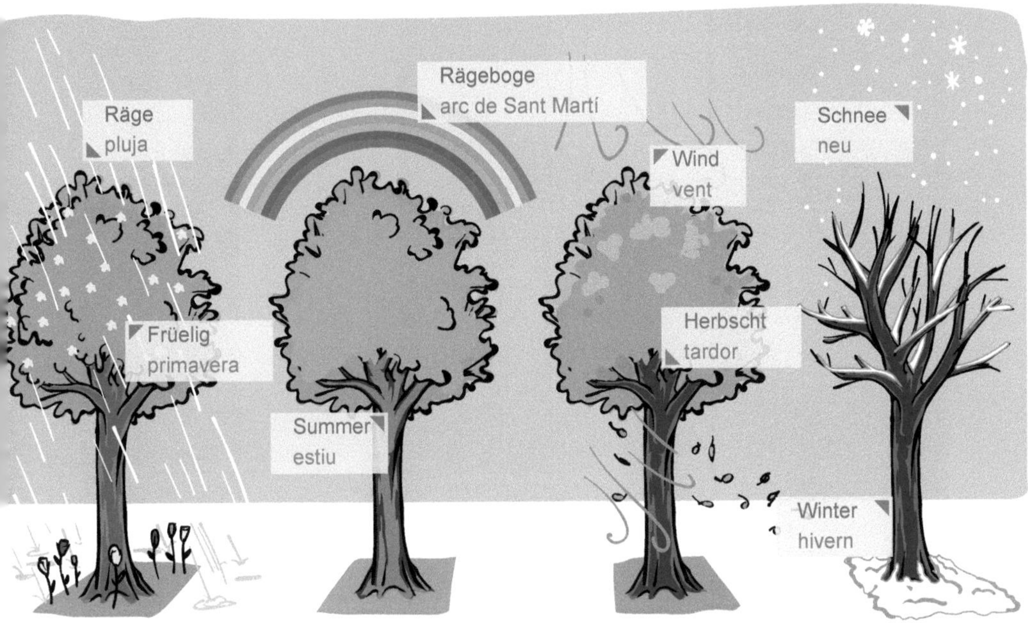

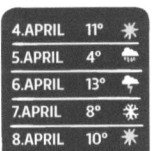

Wättervorhärsag

pronòstic del temps

F C
120 40
90 30
60 20
30 10
0 0
-30 -10
-20

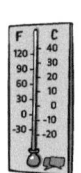

Thermometer

termòmetre

Sunneschiin

llum del sol

Wolkä

núvol

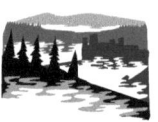

Näbel

boira

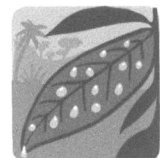

Fiechtigkeit

humiditat de l'aire

Blitz

llamp

Dunner

tro

Sturm

tempesta

Hagel

calamarsa

Monsun

monsó

Fluet

inundació

Iis

gel

Januar

gener

Februar

febrer

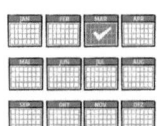

März

març

April

abril

Mai

maig

Juni

juny

Juli

juliol

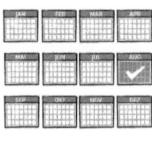

Auguscht

agost

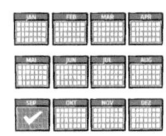

Septämber
....
setembre

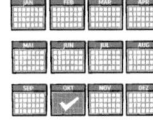

Oktober
....
octubre

Novämber
....
novembre

Dezämber
....
desembre

Kreis
....
cercle

Quadrat
....
quadrat

Rächteck
....
rectangle

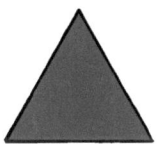

Dreieck
....
triangle

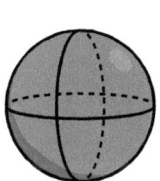

Chugele
....
esfera

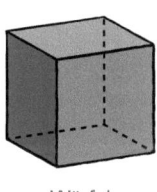

Würfel
....
cub

wiss
....
blanc

gäl
....
groc

orange
....
taronja

pink
....
rosa

rot
....
vermell

liila
....
lila

blau
....
blau

grüen
....
verd

bruun
....
marró

grau
....
gris

schwarz
....
negre

viel / wenig

molt / poc

hässig / ruhig

emprenyat / tranquil

hübsch / hässlich

bonic / lleig

Ahfang / Ändi

començament / fi

gross / chli

gran / petit

hell / dunkel

clar / fosc

Brüeder / Schwöschter

germà / germana

suuber / dräckig

net / brut

vollständig / unvollständig

complet / incomplet

Tag / Nacht

dia / nit

tot / läbig

mort / viu

breit / schmal

ample / estret

ässbar / nid ässbar

comestible / immenjable

bös / fründlich

dolent / amable

uffreggt / glangwilt

entusiasmat / entediat

dick / dünn

gros / prim

zerscht / zletscht

primer / darrer

Fründ / Find

amic / enemic

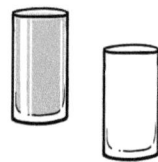

voll / läär

ple / buit

hart / weich

dur / tou

schwer / liecht

pesant / lleuger

Hunger / Durscht

gana / set

chrank / gsund

malalt / sà

illegal / legal

il·legal / legal

intelligänt / gatz

intel·ligent / ximple

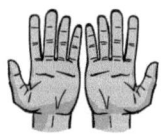

links / rächts

esquerra / dreta

nöch / wiit weg

prop / llunyà

neu / bruucht
nou / usat

nüt / öpis
res / quelcom

alt / jung
vell / jove

ah / uss
encès / apagat

offe / zue
obert / tancat

lislig / luut
silenciós / sorollós

riich / arm
ric / pobre

richtig / falsch
correcte / incorrecte

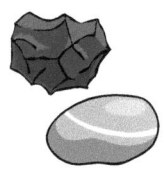

rau / glatt
aspre / suau

truurig / glücklich
trist / content

churz / lang
curt / llarg

langsam / schnäll
lent / ràpid

nass / trochä
humit / sec - eixut

warm / chalt
calent / fred

Chrieg / Friede
guerra / pau

0

Null

zero

1

eis

u

2

zwei

dos

3

drü

tres

4

vier

quatre

5

foif

cinc

6

sächs

sis

7

sibe

set

8

acht

vuit

9

nün

nou

10

zäh

deu

11

elf

onze

12
zwölf
dotze

13
drizäh
tretze

14
vierzäh
catorze

15
füfzäh
quinze

16
sächzäh
setze

17
siebzäh
disset

18
achtzäh
divuit

19
nünzäh
dinou

20
zwänzg
vint

100
Hundert
cent

1.000
Tuusig
mil

1.000.000
Million
milió

Änglisch

anglès

Amerikanischs Änglisch

anglès americà

Chinesisch Mandarin

xinès mandarí

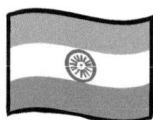

Hindi

hindi

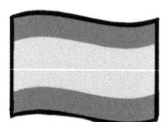

Spanisch

espanyol

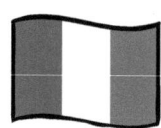

Französisch

francès

Arabisch

àrab

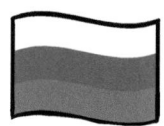

Russisch

rus

Portugiesisch

portuguès

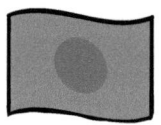

Bengalisch

bengalí

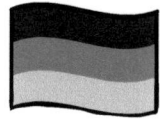

Dütsch

alemany

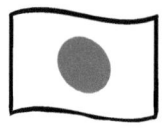

Japanisch

japonès

ich
jo

du
tu

är / sie / es
ell / ella / allò

mir
nosaltres

ihr
vosaltres

sie
ells

wär?
qui?

was?
què?

wie?
com?

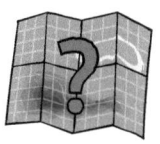

wo?
on?

wänn?
quan?

Name
nom

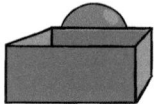

hinder

darrere

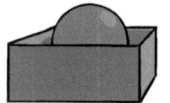

in

en

vor

davant de

über

damunt

uf

sobre

under

sota

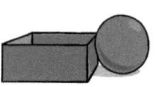

näbe

al costat

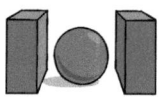

zwüsche

entre

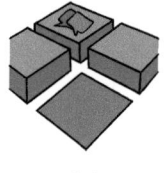

Ort

lloc